# CORRESPONDANCE

## LÉGISLATIVE,

## ET FINANCIÈRE.

## Lettre première.

Paris, journaux, et salons littéraires.

---

## Lettre deuxième.

Rédacteurs d'ouvrages périodiques, tribunaux, cours royales, amnistie, esprit public, receveurs et percepteurs des contributions directes.

---

## Lettre troisième.

ANALYSE RAISONNÉE :

1°. De l'ouvrage de M. Ganilh, député du Cantal, intitulé : *Considérations sur la situation financière de la France* ;

2°. De l'Opinion préliminaire sur les finances, par M. le duc de Gaële ;

3°. De quelques mots de consolation aux créanciers de l'Etat, par M. Bricogne ;

4°. Des moyens de payer les dettes de l'Etat, par un ancien négociant ;

5°. D'un projet de BANQUE NATIONALE.

# CORRESPONDANCE

## LÉGISLATIVE,

## ET FINANCIÈRE,

ENTRE UN MEMBRE

DE LA CHAMBRE DES DÉPUTÉS,

ET

UN MEMBRE DE COLLÉGE ÉLECTORAL.

*Première Partie.*

**PARIS,**

LE NORMANT, IMPRIMEUR-LIBRAIRE.
1816.

# CORRESPONDANCE

## LÉGISLATIVE,

## ET FINANCIÈRE.

## LETTRE PREMIÈRE.

Janvier 1816.

Paris n'est plus, mon ami, cette capitale dont *le Mercier* a fait une caricature, et non pas un tableau ; avec votre esprit d'observation, vous avez dû remarquer dans vos voyages que les mœurs d'une grande ville sont à peu près les mêmes partout, sauf les modifications qu'y apporte le climat. Ainsi, Naples et Londres n'ont pas la même similitude ; Paris ne peut pas plus se comparer à Amsterdam, que la Seine ne ressemble au Texel.

Je vous ai promis mes observations sur ce Paris, si souvent l'objet de nos entretiens, et qui, à beaucoup d'égards, ne mérite ni notre engouement, ni nos ridicules attaques.

J'observe de plus en plus, dans les divers cercles où je me suis fait présenter, que l'art de *causer* et le talent de *parler* y sont portés au plus haut degré de perfection. Je vous confesse que je ne me lasse point d'entendre, dans quelques réunions, ces parleurs de bonne compagnie, qui jamais n'élèvent la voix, mais sont constamment dans un diapason décent; qui n'appellent point l'attention sur leurs personnes, mais sur la matière qu'ils traitent, et qui, sans y prétendre, captivent, subjuguent, et entraînent l'opinion.

Ce don heureux de la parole exerce aussi son influence dans nos comités, dans nos bureaux, et dans nos salons de lecture, bien plus qu'à la tribune, qui exige un tout autre talent ; je citerai pour exemple l'opinion de *M. de Béthizy*, sur l'amnistie, laquelle n'eût fait presqu'aucune sensation dans un de nos bureaux, et qui a produit un effet surprenant à la tribune.

La pureté du langage, la propriété des

termes, la grâce de l'expression, tout cela est si familier à ces parleurs *par excellence*, que l'art de dire semble être exclusivement et sans conteste le patrimoine des personnes d'un rang élevé, ou d'une éducation soignée, *qui ont constamment vécu à Paris.*

Londres, Vienne, Berlin, Naples, Saint-Pétersbourg, Madrid, n'offrent point ces modèles de conversation, et de *causerie*, si je puis m'exprimer ainsi.

La révolution, qui, comme le feu, a tout dévoré, a éteint en quelque sorte ces soirées, autrefois si célèbres, ces réunions si piquantes, dont aucune nation, à cause de l'universalité de notre langue, ne pouvait présenter l'image, ni permettre la comparaison.

Mais consolez-vous, mon ami, il nous reste en province quelques avantages, que Paris ne peut ni nous disputer, ni nous ravir : c'est la patience d'*écouter*, et le courage de *lire* ; deux choses qu'on ne trouve ici nulle part.

J'ai même observé que, jusque dans les salons du palais des Tuileries, la loquacité est portée à un tel degré d'irrévérence, qu'elle surprend tous les étrangers, comme étant en sens inverse du silence respectueux qu'ils croyaient y trouver, et qu'on remarque dans les Cours étrangères.

Comptez, mon ami, sur mon exactitude à vous adresser tout ce qui s'imprimera *pour* ou *contre* les grandes questions qui s'agitent ou s'agiteront, soit dans notre Chambre, soit dans celle des Pairs.

J'attends aussi vos réflexions sur l'esprit *actuel* des journaux, sur la réduction des tribunaux et cours royales, réduction qui n'a pas été adoptée par la Chambre des Pairs; sur la loi de l'amnistie, sur la création des cours prévôtales, enfin sur le BUDGET.

Vous me demandez, par votre dernière lettre, à quel journal je vous conseille de vous abonner. Pardonnez à mon mauvais goût, je n'en connais pas de meilleur que le *Bulletin des Lois;* et en effet, comment abuserais-je de votre confiance au point de vous abonner à des journaux, qui chaque jour deviennent plus insignifians ?

Serait-ce au *Moniteur ?* Mais en l'ouvrant on est comme saisi d'effroi, et on n'est pas au tiers de la première colonne que les bâillemens commencent.

Un anglomane me vantait hier le format du *Morning-Chronicle*, et il me le citait comme un journal qui restitue à ses abonnés, en papier et en encre, le prix réel de l'abonnement.

Vous voyez, mon ami, à quel degré cette nation porte l'esprit de calcul, car il n'examinait pas même la valeur intrinsèque de ce journal, vraie sentine, où le mauvais goût est en parfait équilibre avec le mauvais esprit; mais je reviens au *Moniteur*, véritable spectre, hâve, pâle, et tellement décoloré que, sans les bâillemens qu'il cause, on tomberait dans un profond sommeil.

Serait-ce au *Journal de Paris ?* Mais ce journal, en perdant son antique petit format, a perdu sa légèreté, je dirais presque sa grâce et sa physionomie. C'était autrefois le journal des toilettes et celui des boudoirs: M. Su... alors le soutenait; il est devenu aujourd'hui véritablement hideux et par le caractère de l'impression, et par le style de ses rédacteurs.

J'avoue cependant que, depuis l'heureux retour du Roi, sa manière est plus décente: mais ce journal est l'opposé de ce qu'il devrait être, aussi est-il sans abonnés dans les départemens, si j'en excepte ces ci-devant jeunes gens qui, trouvant que Paris n'est plus ce qu'il était sous Louis XV, se sont déportés dans une ville de province pour y terminer leur utile carrière.

Vous parlerai-je du *Constitutionnel ?* Mais c'est le grimacier de la Charte : c'est le journal des frères et amis.

J'ai été tenté de vous envoyer la *Quotidienne ;* je confesse que c'est un journal agréable : mais on a si peu la force de rire, et on a un tel besoin de garder son sérieux, même en lisant une anecdote, ou un trait malin, que, malgré mon sincère attachement pour M....., je ne puis compromettre ainsi votre bourse et vos loisirs.

Le *Journal des Débats* et le *Journal Général*, grâces à MM. T—l ou Fiév......, M. A. ou Fel...., M. B. ou Bout...., M. Duss.... et M. Salg.... sont encore les seuls qui conservent et méritent leurs nombreux abonnés, car vous permettez que je passe sous silence les *Affiches*.

Ce Journal, depuis la mort de l'abbé *Aubert*, ne se lit plus que par les hommes de Palais, quelques oisifs de café, et des débiteurs de rentes viagères.

Une chose doit contribuer inévitablement à faire tomber de plus en plus les abonnemens des journaux, et même la librairie, ce sont les cafés, billards, et restaurateurs *littéraires*.

Depuis un an, il s'est établi à Paris une foule de ces restaurateurs, dont le buffet est constamment garni, et où des convives restent quelquefois cinq heures de suite à table.

Dans ces salons, qui ressemblent à des maisons de jeu, on se sert soi-même; seulement quand on lève la séance, on porte au comptoir et en *francs*, chez les uns trente centimes, chez d'autres vingt centimes, et je viens d'en découvrir un à *dix centimes*. Vous sentez qu'il est impossible de se plaindre d'un prix aussi modéré.

Ces modernes restaurans ont cela d'agréable, c'est que personne n'y parle; on peut y tousser, c'est tout ce qu'on y tolère.

Je me rappelle d'avoir entendu parler d'un club à Londres, où il n'est permis que de s'asseoir pour *penser*, mais où le plus grand nombre des habitués reste debout, appuyé sur sa canne, et sans proférer un seul mot.

On m'a assuré qu'on lisait, au dedans de ce club, ce précepte : *To speak spoils the conversation. Le parler gâte la conversation.* Et chacun reste fidèle à ce conseil, qui a essentiellement pour but de faire naître ces saillies heureuses qui portent l'enjouement dans une réunion, et se communiquent avec une rapidité électrique dans l'esprit de tous les membres d'une association aussi gaie.

*Somme totale.* Je ne lis, mon ami, depuis quelque temps, aucun journal qui me satisfasse réellement. Leur ton est intermittent, leur esprit me semble bon en *masse ;* mais les collaborateurs de ces entreprises quotidiennes négligent ou choisissent mal leurs articles, et ne soignent plus leur style.

Fréron, Champfort, Geoffroy, et quelques autres, ne sont plus, et avec eux s'est éteint ce feu qui échauffait, éclairait, et soutenait la curiosité des lecteurs d'ouvrages périodiques.

Un moyen pourrait remédier, ce me semble, à ces inconvéniens, ce serait de réduire tous les journaux à quatre.

1°. Le *Journal Officiel*, lequel ne paraîtrait que deux fois la semaine ;

2°. Le *Journal des Débats*, auquel on réunirait la *Gazette de France* et le *Journal Général*;

3°. Le *Journal de Paris*, qui se fortifierait de *la Quotidienne* et des *Nains* et *Géants* de toutes les couleurs;

4°. Enfin, les *Affiches*, que j'abandonnerais à ses lecteurs d'habitude; car, en conscience, personne ne peut avoir à se plaindre ni de la prose ni des vers de cet *advertiser*.

Je vous ai adressé toute ma distribution des deux derniers mois; j'attends vos sages observations.

Vous avez dû remarquer que les ouvrages sur les finances deviennent bien nombreux. Ce ne sera pas faute de médecins que le malade périra, et encore moins faute de remèdes proposés.

Recevez mes sentimens les plus affectueux.

———

# LETTRE DEUXIÈME.

---



---

Janvier 1816.

J'AI reçu, mon cher ami, les nombreux rapports que vous m'avez adressés, et dont quelques-uns m'ont véritablement éclairé et persuadé.

Mais, avant de vous communiquer mes observations sur ceux qui ont le plus particulièrement frappé mon attention, permettez que je vous remercie d'avoir suspendu tout abonnement jusqu'à ce que vous m'ayez appris que *La Harpe*, *Marmontel*, *Fréron*, *Geoffroy* sont sortis de leurs tombeaux, pour venir nous donner périodiquement des leçons de goût, des préceptes de littérature, et leurs écrits pour modèles.

Je vous confesse cependant, mon cher,

que s'il arrivait qu'une association de jour-
nalistes pût se composer de M. *Suard* pour
le goût, de M. *de Feletz* pour la littérature,
de M. *Quatremère de Quincy* pour les beaux-
arts, de M. *Boutard* pour les monumens d'ar-
chitecture, peinture, sculpture et gravure;
de M. *Fiévée* pour l'administration et l'économie politique, de M. *Bricogne* pour les
finances, de M. *Ramond* pour l'histoire na-
turelle, de M. *Hallé* pour l'hygiène, de
M. *Sauvo* pour les théâtres, de M. *Villenave*
pour l'esprit public, de M. *de Bonald* pour
la philosophie, de M. *de Châteaubriand*
pour les matières religieuses et les voyages,
de M. de *Lally-Tollendal* pour la politique
et l'histoire, de MM. *Dussault* et *Salgues*
pour les ouvrages du jour, je vous prierais
de m'abonner de suite, quel que fût le prix
du journal, soit qu'il dût paraître tous les
jours, toutes les semaines, ou tous les mois.

Autrement je resterai fidèle au Bulletin des
Lois, dont la lecture est d'un si grand intérêt.

J'ajoute que cette espèce de Journal,
quoique non périodique, a le mérite de
n'être pas dispendieux, et en, ma qualité de
maire, il forme une partie de mes émolumens.

Comme vous, je pense qu'en principe, plus on réduira le nombre des journaux, plus ils auront d'abonnés, et j'ose dire de lecteurs.

La police aurait aussi une moindre surveillance ; et elle ne serait peut-être plus obligée de recourir aux utiles services de M. D.... qu'on dit un des censeurs, ce qui est assez plaisant. Mais en parlant de journaux, faites-moi connaître, je vous prie, à quoi bon ces discussions relatives aux protestans des trois royaumes de la Grande-Bretagne ?

Est-ce que le Journal des *Débats* se croit obligé par son titre d'occuper la France de discussions religieuses, qui lui sont totalement étrangères ? Mais je reviens à l'objet de votre dernière.

Vous désirez de connaître l'opinion de notre département sur les diverses lois qui ont été rendues durant cette session.

Je vais vous parler avec franchise :

On avait approuvé et universellement applaudi à l'opinion de M. Hyd... de Neuv...., relativement aux tribunaux et aux juges, et nous sommes encore stupéfaits du rejet que

que cette résolution si sage a éprouvé à la Chambre des Pairs.

Si ceux qui se sont ainsi laissés entraîner, avoient réfléchi que les tribunaux sont aujourd'hui sans proportion avec les procès existans ;

Qu'il y a des cours royales, telles que celles de *Bourges* et d'*Orléans*, qui ne rendent pas quatre-vingts arrêts définitifs par année ;

Que la magistrature en province est dans un état absolu de déconsidération ;

Que l'existence de cette foule de tribunaux entraîne et nécessite des dépenses au-dessus des forces des contribuables ; et qu'avant de puiser dans les fortunes privées déjà si altérées, il faudrait puiser d'abord dans la caisse des économies, mine encore très-riche à exploiter ;

Vous jugeriez alors des causes de mécontentement que ce rejet a réellement produit.

La loi sur l'*amnistie* a au contraire conquis tous les suffrages ; cependant la vente trop précipitée des biens de ceux que la loi proscrit si justement, a paru une mesure nuisible aux propriétés en général.

On eût peut-être désiré que cette faculté de vendre fût prolongée, ou même interdite pendant deux années.

J'ai même ouï dire à un homme d'un excellent esprit, qu'on aurait pu composer avec quelques-uns, et particulièrement avec ce ci-devant duc ou prince, que les uns font aller à Florence, et d'autres en Hollande, ou en Silésie.

Cet homme, couvert d'années, d'infirmités, et de richesses, eût probablement consenti, pour finir ses jours en France, à faire quelque dotation de ses propriétés ; et cette pieuse destination de biens, dont je n'examine point la source, eût, d'une part, empêché l'exportation de son immense fortune ; et, d'autre part, aurait été la compensation d'une résidence tolérée, et l'expiation de son vote. Pesez cette opinion dans votre sagesse.

En ce qui concerne l'esprit public, si toutefois on peut donner ce nom aux caquets de quelques *coteries*, croiriez-vous, mon ami, qu'il circule dans un des départemens le plus notoirement connu, comme renfermant encore tous les germes d'anarchie,

tous les fermens d'une désorganisation so-
ciale, où *Thibaudeau*, d'horrible mémoire,
a exercé, durant l'interrègne, la plus funeste
influence; croiriez-vous, dis-je, qu'il circule
dans ce département une opinion d'un membre
de la députation, qu'il dit avoir émise contre
la loi de *l'amnistie* ?

On assure même que quelques maires l'ont
reçue jointe au Bulletin des Lois.

Si ce fait était vrai, ce serait, non pas
seulement une honte, mais un crime; car ce
député est comblé des grâces du Roi.

Vous me demandez comment et pourquoi
l'esprit des campagnes est encore si mauvais.—
*Voici ma réponse.* La perception des impôts
s'y poursuit avec une rigueur extrême, et
les départemens qui, depuis deux ans, ont
le plus souffert, n'ont encore éprouvé ni
soulagement ni pitié.—La perception des contributions directes est encore aux mains de
percepteurs dont les formes sont rudes, les
menaces et les poursuites, dirigées par l'esprit
de parti, plus encore que par l'esprit de cupi-
dité. Des receveurs restent en place, malgré
l'animadversion publique.

Je connais un canton, dans lequel le
porteur de contraintes est un *prêtre* marié,

dont voici le costume : Habit court ; pantalon large ; guêtres de cuir ; grand sabre, avec ceinturon de buffle en sautoir ; gants de Crispin en buffle ; chapeau à trois cornes, placé sur l'oreille. C'est cet *ange de paix* qui est chargé de porter des commandemens et des saisies dans les chaumières, et Dieu sait de quelles expressions il se sert, soit en entrant, soit en sortant !

Je dis la vérité, toute la vérité.

Et certes cet homme n'est point inconnu aux receveurs qui emploient son ministère.

Les nouvelles les plus sinistres, et, comme de raison, les plus absurdes, circulent encore dans les villages, et s'y colportent sans cesse. Il est bien temps que les Cours *prévôtales* mettent un terme à l'impunité de ces éternels et implacables ennemis du bon ordre, à ces désorganisateurs audacieux, véritables assassins de l'esprit et du repos public.

Je me résume, en vous proposant, mon ami, d'employer avec persévérance votre influence pour ramener le ministère à l'adoption d'une réduction de journaux.

A la nécessité de réduire à *quinze* le nombre des Cours royales, et les tribunaux de première instance à deux cents, et, en effet, la source des procès est véritablement éteinte.

Il n'y a plus de matières bénéficiales ; les droits féodaux sont supprimés ; les substitutions n'existent plus ; nous n'avons plus de coutumes divergentes, ni de pays de droit écrit ; un même Code régit le nord et le midi de la France.

Les frais de procédure sont devenus si énormes, que je suis convaincu que trois ou quatre procès, complètement gagnés, suffisent aujourd'hui pour ruiner le plus riche propriétaire. *Ceci n'est point un paradoxe.*

Ne vous lassez donc point d'éclairer le gouvernement sur la nécessité de cette prompte réduction ; la raison le veut, l'économie en fait un devoir.

Ma troisième Lettre vous parlera des divers ouvrages sur l'administration et les finances que vous m'avez envoyés ; et puisque vous mettez quelque prix à mes opinions, vous recevrez successivement l'analyse raisonnée de chacun de ces ouvrages.

Je vous entretiendrai, 1°. des Considérations générales sur la situation financière de la France en 1816, par M. *Ganilh*, députó du Cantal;

2º. De l'opinion préliminaire sur les finances, par M. *Gaudin*, duc de Gaëte, député de l'Aisne;

3º. De quelques mots de *consolation* aux créanciers de l'Etat, par M. *Bricogne*, ancien premier commis des finances ;

4º. Des moyens de payer les dettes arriérées de l'Etat, par *un ancien négociant;*

5º. Enfin, d'*un projet de banque nationale,* sans nom d'auteur.

J'émettrai mon avis sur chacun d'eux avec indépendance, mais cependant sans m'écarter des justes égards dus à des écrivains, dont l'amour du bien public a incontestablement conduit la plume et la pensée.

Recevez mon salut affectueux.

---

# LETTRE TROISIÈME.

1<sup>er</sup> Février 1816.

Je m'empresse, mon ami, de répondre à votre confiance, en vous adressant l'examen que je vous ai annoncé de tous les ouvrages, qui ont paru sur les *finances* depuis cette session.

Si la maladie est grave, il faut avouer que les remèdes sont nombreux; et malheureusement il n'en est pas des maladies des Etats comme de celles des hommes, où l'on puisse quelquefois laisser agir la nature.

Dans l'état où se trouve la France, il faut plus que jamais adopter la maxime:

« *Honora medicos propter necessitatem.* »

Il faut donc recourir tout à la fois à la science, à l'art, et à l'expérience, guides plus sûrs que toutes les théories.

Comme moi, vous distinguerez parmi les écrivains deux de vos collègues, qui ont attaché leurs noms à leurs pensées, sans doute

2.

pour leur donner plus de poids dans l'opinion; et c'est à ce titre que je vais analyser leur travail. Je commencerai par celui de M. *Ganilh*, intitulé :

*Considérations générales sur la situation financière de la France en 1816.*

———

CET ouvrage est écrit, comme tout ce qui sort de la plume féconde de cet écrivain, avec clarté, méthode, et précision.

M. Ganilh a fait une étude particulière de l'*économie politique*, et il diffère de ceux qui écrivent sur la même matière, en ce qu'il ne généralise rien, et applique à notre situation financière les remèdes qu'il indique.

L'auteur prétend que la contribution foncière en Angleterre forme le dixième des contributions générales, tandis qu'en France elle excède plus de la moitié.

Je crois qu'elle n'est que dans la proportion de 1 à 7, ce qui est déjà exorbitant.

Il prétend qu'en France l'impôt sur les mutations, et pour l'appeler de son véritable nom, le droit d'*enregistrement* sur les ventes, est excessif.

Je ne pense pas qu'il soit disproportionné avec les droits anciens depuis la suppression des lots et ventes.

Mais je crois réellement exagéré le droit de la transcription, et cet excès a de graves inconvéniens pour les débiteurs, et même pour les créanciers.

M. Ganilh ne s'explique ni sur la contribution des patentes, ni sur celle des portes et fenêtres ; mais il n'est point partisan de la contribution personnelle.

Je pense, au contraire, que la contribution personnelle et mobiliaire est la plus juste de toutes, bien qu'elle puisse devenir quelquefois arbitraire.

Mais on peut y remédier..

Le loyer d'habitation, et la qualité des personnes me paraissent être les seules mesures d'équité pour cette répartition.

Cette contribution pourrait être imposée équitablement par les maires, assistés de quatre répartiteurs, dont deux dans les villes seraient choisis parmi les plus imposés pour leurs maisons et loyers, et deux parmi les plus imposés aux patentes.

Dans les communes rurales, ils seraient

choisis parmi les quatre plus imposés domiciliés.

Comme M. Ganilh, je pense que les impôts sur les consommations offrent le moins d'inconvéniens. Ce sont les seuls dont l'augmentation puisse convenir à la situation où se trouve la France.

Mais je pense qu'il faudrait plutôt en créer de *nouveaux* que d'augmenter ceux *déjà existans*, dans la crainte que deux et deux ne fissent que *trois*.

M. Ganilh simule un budget, où il établit entre les recettes et dépenses une différence de 253 millions.

Il propose de couvrir ce *déficit* par un impôt sur le revenu *net*. *Où est le docteur Quesnay ?* Et il gradue cet impôt de manière que l'homme qui jouit de 100,000 livres de rentes paierait une contribution temporaire du tiers de son revenu, c'est - à - dire, de 33,333,000 fr. 33 c. $\frac{1}{3}$.

Et la sixième classe de 5,000 à 1,000 fr., un *huitième*.

M. *Ganilh* exempte de cette contribution les fortunes au dessous de 1,000 fr.

Cette exception assurément est très-populaire ; mais n'est-elle pas subversive de toute équité en matière de contribution?

L'impôt progressif est une iniquité, une monstruosité, et si quelque chose a lieu de surprendre, c'est qu'un député aussi éclairé que M. *Ganilh* puisse professer et imprimer une pareille doctrine. N'est-il pas constant que ce sont aujourd'hui les grandes fortunes foncières qui, depuis plusieurs années, ont le plus souffert ?

Et vous les imposeriez exclusivement au tiers de leur revenu net!

Tout me semble erroné dans le système de cet impôt.

*Erreur* dans les calculs ;

*Erreur* dans le nombre des familles que M. Ganilh suppose dans chaque département;

*Erreur* dans les résultats : et en effet, excepté quatre départemens où il peut exister, et à peine, six fortunes de 100,000 francs de rente, ce que je ne crois pas, j'articule et mets en fait qu'il y a quarante départemens où il n'y en a pas *quatre*, et quarante où il n'en existe pas une seule.

Je ne porterai pas plus loin mon examen sur cet ouvrage, d'ailleurs écrit avec une extrême clarté, et recommandable surtout par une foule d'excellens principes.

Les propriétaires partageront l'opinion de l'auteur lorsqu'il propose de réduire les contributions directes à 250 millions, au lieu de 320 millions.

Mais ce qu'il a la bienveillance de leur épargner, je lui en demande pardon, avec une main de fer, bientôt il le leur reprend avec usure.

Je ne conçois pas parfaitement quels seraient l'organisation, le but et les effets qui résulteraient d'une *banque de secours.*

Je pense, au contraire, qu'il faut se préserver de ces créations funestes, toujours suivies d'inconvéniens épouvantables.

Il sera formé, dit l'auteur, dans chaque département une banque, dont le fonds sera égal au quart de la taxe du revenu et des contributions directes.

Les actions seront de 1000 fr.

Tous les fonctionnaires et employés seront tenus de prendre des actions jusqu'à un cinquième de leur cautionnement, *et sans doute de leurs traitemens.* L'auteur ne le dit pas.

Les paiemens se feront par douzième,

A défaut de réalisation de chaque paiement, le *contribuable* perdra les páiemens
qu'il aura effectués.

La peine n'est certainement pas propor-
tionnée au délit.

---

## Opinion préliminaire sur les finances;

Par M. le duc de Gaëte, député de l'Aisne.

---

CETTE faible production ne paraît pas
avoir été écrite dans l'intention d'offrir au
public des moyens réels de liquidation ou de
libération.

L'ancien ministre des finances sous Buonaparte, et qui a repris les mêmes fonctions
durant l'interrègne, ne me paraît avoir eu
d'autre intention que d'attaquer :

1°. Le système adopté par la loi du 23
septembre 1814, qu'il dit déjà jugé, et qu'il
appelle une consolidation *volontaire en
apparence*, mais *forcée en effet*, à raison du
discrédit dans lequel les obligations devaient

évidemment tomber, si elles étaient distri-
buées dans un intervalle beauconp plus
court que celui dans lequel un paiement en
numéraire effectif aurait pu être réalisé.

M. Gaudin déclare qu'au 20 mars 1815,
époque où il a repris le ministère, il n'avait
encore été émis que pour 36,800,000 fr.
d'obligations ; et que pour en soutenir le
cours, il avait été déjà nécessaire d'en
racheter, en numéraire, pour plus de 22
millions, valeur nominale, tant à Paris que
dans les départemens. Et plus bas, M. Gaudin
ajoute :

« Les premières obligations ont perdu
» vingt pour cent, non compris l'intérêt de
» huit pour cent qui y était attaché sous le
» titre d'*indemnités*, et le cours ne s'est re-
» levé que lorsque les faibles quantités qui
» étaient données en paiement ont pu être
» rachetées par le trésor à peu près aussitôt
» qu'elles avaient été émises.

» Mieux, dit-il, eût valu payer direc-
» tement en argent. »

Si ces faits sont vrais, il faut en conclure
que l'émission prétendue des obligations de
M. Louis était une jonglerie, et que le pré-

tendu *Pair* n'était qu'une fiction ; car, si le trésor rachelait ce qu'il émettait, il eût été en effet plus sage de solder en numéraire, que de rembourser une valeur, aussitôt qu'elle était mise en circulation.

On eût, au moins, épargné les frais de bureau, déjà si considérables à la trésorerie.

M. Gaudin a publi ses observations au mois d'*octobre* dernier : nous sommes en *février ;* et M. Louis, qui, sans doute, a lu cette attaque, n'a point encore répondu. Son silence l'accuse-t-il, ou réserve-t-il ses armes et ses foudres pour le moment où les discussions sur le *budget* le forceront à rompre le silence ? Cela est présumable.

M. *Gaudin*, après avoir dit que le crédit est le résultat de la confiance, ce qui n'est pas une idée *neuve*, ajoute, d'un style doucereux :

« La première de toutes les bases du crédit, » est *la stabilité* bien reconnue du gou-» vernement. »

On ne peut contester cette vérité ; mais n'eût-il pas été à désirer qu'au moins il eût ajouté.

« Le gouvernement actuel de Louis XVIII
» nous permet de croire à cette stabilité? »

M. Gaudin trace ensuite les devoirs d'un
administrateur des finances, ce qui est très-
édifiant, et il s'exprime ainsi :

« L'administrateur, pénétré de ses de-
» voirs, bornera son ambition à combiner,
» autant qu'il en aura le pouvoir, les moyens
» de recette de la manière la moins défavo-
» rable à l'agriculture, à l'industrie et au
» commerce; à porter, en tout ce qui pourra
» dépendre de lui, l'économie dans les dé-
» penses; à prévenir ou réprimer les abus,
» à assurer une comptabilité régulière, véri-
» table garantie de tous les intérêts. Tels
» sont les principaux titres d'un ministre des
» finances à l'estime publique. Sa réputation
» aura peu d'éclat; mais si son nom est
» *béni* dans la chaumière du pauvre, il
» n'aura point à regretter les illusions de la
» gloire. »

Sully n'eût pas tenu un langage plus tou-
chant :

Dieu prodigue ses biens<br>
A ceux qui font vœu d'être siens.

Enfin M. le duc de Gaëte termine son opinion par le vœu de voir reconstituer la caisse *d'amortissement* dans une entière indépendance de tous les ministères.

Ce vœu tardif est au surplus un vœu unanime, et il est d'autant plus estimable et précieux dans la bouche de M. Gaudin, que personne n'a plus usé, comme ministre, de la faculté d'y puiser; et, sans vouloir l'offenser, son état d'épuisement actuel est dû en partie à son ministère, et particulièrement durant l'interrègne.

Des notes suivent le travail de M. Gaudin, et à leur acrimonie il est difficile d'y reconnaître l'homme public, qui, content, je présume, de son humble fortune, se borne aux désirs des bénédictions du pauvre, ainsi qu'il le dit.

Il y a de l'homme partout, et M. le duc de Gaëte, si modeste dans ses désirs, paraît très-irritable dans sa vanité, et très-irascible lorsqu'il est attaqué comme ministre.

Dans la crainte d'affaiblir ses expressions, je vais les transcrire :

« Que penser, dit-il, des déclamations » violentes auxquelles s'est livré un impru- » dent libelliste contre tout système de con-

» solidation , lorsque tel était le résultat
» infaillible de celui consacré par la loi du
» 23 septembre 1814 , et lorsque ses fonc-
» tions ne lui permettaient pas de l'ignorer ?
» Etait-ce là le cas de répéter ce que l'on
» trouve dans tous les livres sur la puissance
» et les effets du crédit, dont il prouve si
» bien que la nature et les bases lui sont en-
» tièrement inconnues ?

» On se demande comment un homme ,
» auquel son *obscurité* était si favorable , a
» pu avoir la tentation de se produire au
» grand jour, qu'il lui convenait si peu de
» rechercher. Les hommes n'auront-ils jamais
» la sagesse de borner leurs vœux au rang
» que *la nature* et *l'éducation* leur assignent.
» Que de maux particuliers seraient évités
» dans le monde par l'observation de ce pré-
» cepte, ami de l'ordre public , comme du
» bonheur des familles : *Ne sutor ultrà cre-*
» *pidam !* »

Je me demande à mon tour comment
M. Gaudin, ancien premier commis des contributions, ce qui n'était pas même le syno-
nyme de *premier commis des finances*, devenu ministre des finances sous Buonaparte,

et duc de Gaëte, par sa toute-puissance, peut parler d'origine et de titres : à qui? à un premier commis des finances, que je ne connais que par ses nombreux ouvrages, mais qui s'est fait distinguer par des talens supérieurs; à qui on peut reprocher peut-être des erreurs dans ses opinions financières; mais qu'on n'a point vu successivement à la cour de l'empereur, et presqu'au lever du Roi; qui certes n'eût jamais écrit la lettre du 12 avril 1815 ; et qui par ses utiles travaux a acquis des droits à l'estime publique.

L'opinion préliminaire de M. le duc de Gaëte n'étant qu'un prélude, il est à présumer que ce député, qui ne fait point partie de la commission des *vingt-sept*, mettra à profit le temps et ses loisirs pour préparer son opinion définitive.

Les Grecs et les Troyens sont en présence, attendons qu'Achille sorte de sa tente.

M. *Bricogne* a répondu à cette attaque inopinée par une brochure *intitulée :*

QUELQUES MOTS DE CONSOLATION *aux* créanciers de l'Etat, en Réponse *à une* Opinion préliminaire sur les finances.

Des consolations seraient dues à M. *Bri-cogne*, et c'est lui qui veut bien en donner aux créanciers de l'Etat, qui devaient s'af-fliger des opinions de M. *Gaudin* qui, pro-priétaire sans doute d'une grande fortune territoriale, est bien indifférent à leur sort.

Vous aurez, dit M. Gaudin, cinq pour cent de vos créances : comment osez-vous vous plaindre ?

Cet ex-ministre *feint* de croire que ces créanciers si heureux d'être ainsi liquidés et payés ont aussi des créanciers ; et si la loi dit aux uns : *vous serez payés de telle manière;* la même loi dira-t-elle aux autres : *vous recevrez la même monnoie en rembour-sement de vos créances?*

. M. *Bricogne*, armé de tous les principes d'équité qu'il professe, fort de la loi du 23 septembre, qui a prononcé sur le sort des créanciers, combat avec énergie cette opi-nion, et il s'exprime en ces termes:

Voué par conviction et par amour du bien public à la défense des créanciers de l'Etat, ni les injures, ni les injustices ne me force-ront à abandonner cette honorable tâche, tant qu'un reste d'espérance luira pour eux.

Dès le premier avis d'une nouvelle attaque ;
je m'apprêtai à réfuter les sophismes que je
supposais devoir trouver dans L'OPINION
*préliminaire sur les finances*. Mais, comme
au temps où toute discussion était interdite,
l'auteur s'est dispensé de tout raisonnement. Il
se borne à répéter ce qu'il a dit dans le compte
de juin 1815, publié durant l'interrègne ;
monument de *mensonge* et de *révolte*, dans
lequel le gouvernement royal et le ministre
des finances du Roi sont attaqués et calom-
niés ; j'ai répondu à cette diatribe dans
mes *observations* et *éclaircissemens*, le ministre de Buonaparte n'essaie pas de les réfuter, et il ne s'en souvient que pour me
prodiguer des injures que je méprise, et qui
retombent sur lui.

« Qu'ils se taisent, les conseillers du tyran !
» qu'ils cessent de nous vanter leurs services
» payés de nos trésors, de notre sang ; de
» nous présenter, comme des modèles d'ad-
» ministration, les erreurs ou les excès de
» leur tyrannie subalterne. De quel droit,
» par quels motifs prétendraient-ils ravir aux
» hommes nouveaux, aux plumes vierges
» que n'a pas flétries l'adulation ; qu'une

» sacrilége audace contre nos princes légi-
» times n'a pas souillées, la liberté dont ils
» jouissent eux-mêmes, et dont plusieurs
» d'entr'eux abusent ? pourquoi empêche-
» raient-ils d'obscurs, mais zélés serviteurs
» du Roi, de rompre le silence où les retenait
» l'oppression, pour contribuer à dissiper les
» épaisses ténèbres répandues par vingt-cinq
» ans de troubles et d'orages sur toutes les
» parties de l'administration publique ? S'ils
» se trompent, leurs erreurs seront sans
» danger, et leur zèle même infructueux aura
» droit à quelque estime. »

La première opération du ministre des finances, lorsqu'il ne peut payer une dette exigible, est de *donner toute sécurité aux créanciers;* la seconde, de *fixer des échéances successives*, calculées sur des moyens assurés de paiement.

Une troisième combinaison, omise en Hollande, et dans les premiers emprunts anglais et américains, ainsi que dans les emprunts français avant la révolution, combinaison qui fit le mérite principal, le salut et le succès du plan de 1814, et qui fait maintenant toute la puissance du système de crédit de l'Angleterre, c'est le *rachat sur la place*. Il est indispensable en France.

On répète sans cesse que, sur une émission de trente-six millions d'obligations, il en a été racheté, en trois mois, vingt-un millions; mais ces vingt-un millions n'ont pas agi seulement sur les obligations, ils ont agi sur la masse totale de la dette, composée de la dette exigible qui fut ramenée au pair, et des cinq pour cent qui avaient été élevés de 45 fr. à 82 fr.

Le rachat, en Angleterre, est porté à plus de trois cents millions par an. Le gouvernement fait, chaque année, un emprunt de six à huit cent millions de francs; cependant on n'a jamais entendu le membre ou le journaliste de l'opposition le plus ignare, reprocher aux ministres l'insuffisance d'un système qui les astreint à racheter moitié de la somme qu'ils empruntent chaque année. La proposition de cesser et les rachats et les emprunts, pour consolider forcément la dette exigible, soulèverait d'indignation tout le parlement, et renverserait l'admirable système de finances, base fondamentale de la puissance gigantesque à laquelle ce pays est parvenu.

3.

Ce fut toujours au milieu des embarras de la guerre, au sortir des troubles et des révolutions que furent fondés les systèmes de *crédit*.

Au sortir de la révolution dans laquelle l'Amérique conquit son indépendance, et lorsque, sur la proposition du ministre des finances *Hamilton*, le congrès prit la noble et salutaire résolution de payer en entier la dette de l'Etat, elle était de quarante à cinquante fois le revenu public.

Ce revenu est maintenant quinze fois plus considérable qu'il n'était alors; la dette, sans avoir été réduite par la banqueroute, n'est plus que de deux années de revenu, et le pays a pris un accroissement prodigieux de culture, de richesse, et de prospérité.

On s'abuserait en se persuadant que créer une caisse d'amortissement en consolidant forcément la dette arriérée, ce serait accomplir les engagemens du gouvernement. Pourvoir à tous les besoins, remédier à tous les maux, *consolider la détte arriérée, ce n'est pas la payer;* c'est, par une vaine formalité, changer seulement la forme de la pièce, qui représente les créances sur l'Etat; ce n'est pas en changer la nature, la difficulté reste la même avant comme après la consolidation : *on n'a fait que régler un compte,* il reste encore à solder.

Il était, et il sera difficile à M. Gaudin de répliquer à une logique aussi vigoureuse, et à des principes aussi sagement établis; cependant, attendons :

Quelquefois les auteurs abandonnent leurs premières idées pour adopter d'autres erremens; comme aussi quelquefois ils professent deux doctrines opposées.

Ce qui leur parraissait juste il y a un mois, leur paraît moins inique, ou plus juste le mois suivant.

Ne nous plaignons pas de cette versatilité.

L'inconstance, plus encore que la jalousie, en tous les cœurs domine.

Admirons au contraire la flexibilité du talent de certains écrivains qui se jouent des difficultés, et disent comme Mirabeau, qui avait parlé avec une rare éloquence sur les assignats, et qui répondit à ceux qui l'applaudissaient : Je vous étonnerais bien davantage si je parlais contre. Mais revenons à M. Bricogne, lequel vante, et avec raison, l'influence du crédit sur les dépenses de l'Etat, dont les prix diminuent toutes les fois que les traités sont réciproquement exécutés.

Les fournisseurs, fidèlement payés par ce grand consommateur, réduisent spontanément leurs traités, quand ils n'ont plus à redouter les banqueroutes totales ou partielles, déguisées sous le nom d'*arriéré*, et sous la dénomination hypocrite de liquidation.

Je ne veux point terminer le compte que je me suis proposé de rendre de cet ouvrage de M. Bricogne, qui honore son jugement et ses principes, sans transcrire les consolations qu'il offre aux créanciers de l'Etat ; ce morceau de sentiment m'a paru très-noblement pensé et exprimé :

« Je m'étais proposé, dit-il, de rassurer » et de consoler les créanciers de l'Etat, im- » prudemment effrayés, injustement atta- » qués.

» Le budget éteindra pour jamais toutes les » inquiétudes, en ramenant l'exécution fidèle » et entière de la loi du 23 septembre 1814, » en affermissant et complétant le système » consacré par cette loi.

» Nous n'aurons pas à déplorer le scandale

» de la violation de la première loi de finances
» du gouvernement royal ; nous ne sommes
» plus exposés aux manques de foi et aux
» banqueroutes ; la probité, remise en hon-
» neur, les principes de crédit ramenés dans
» l'administration des finances, tout nous ga-
» rantit la ponctualité, l'intégralité des paie-
» mens de toutes les dettes de l'État.

» S'il était possible d'ajouter à ces garan-
» ties, je rappellerais aux créanciers de
» l'Etat qu'elles trouvent leur complément
» dans le caractère connu du ministre actuel
» des finances, etc. »

M. Bricogne continue, et termine par ces
mots :

Je ne vois pas que, malgré les efforts de
M. Gaudin, les créanciers de l'Etat doivent
conserver aucune crainte ; je les exhorte à
prendre, dès à présent, pour devise, ces
paroles consolantes, qui seront inscrites au
frontispice du budget :

Solvite corde metum, Teucri ; secludite curas.
*Eneid.*, lib. I, v. 565.

J'ai le budget, édition in-4°., et je n'y ai
pas vu cette inscription que quelques créanciers de l'Etat me sauront gré de ne point

mettre aux prises avec la langue latine, quand il s'agit de les rassurer.

Bannissez vos craintes, et cessez vos alarmes.

M. Bricogne n'a pas cru devoir passer sous silence les notes de M. le duc de *Gaëte*, nom si cher à Virgile, sans cependant se demander ce qui a valu ce duché à M. Gaudin, et par quels exploits il a pu jamais mériter cette haute distinction? Au surplus, l'opinion publique avait hautement donné à l'auteur outragé quelques mots de consolation.

Mais j'aurais désiré que M. Bricogne n'eût pas été aussi sensible qu'il le témoigne, aux observations de M. Fiév. dans le *Journal des Débats*.

En effet, comme il ne faut pas être peintre ni architecte pour bien juger du mérite d'un tableau, ou de la beauté d'un édifice, il ne faut pas, grâces au Ciel, être premier commis des finances pour être exclusivement cru sur parole, ou sur écrit, quand on livre sur cette matière ses pensées à l'opinion publique. Il me semble qu'un homme tel que M. Fiév. a fait assez de preuves de talent, pour qu'il lui soit permis d'émettre ses opinions sur un système de finances, comme sur les causes qui détruisent ou fondent le crédit d'un gouvernement. Le dissentiment n'est pas une preuve que l'un parle d'une matière qui lui est étrangère, tandis que l'autre est sur son domaine.

M. Bricogne termine ainsi ses notes :

« Si M. Fiév. eût connu mon caractère indépendant, il aurait réservé ses reproches pour ceux qui, du 8 avril 1814, au 18 mars 1815; du 19 mars au 7 juillet dernier, et du 8 juillet n'ont manqué ni un lever, ni une messe aux Tuileries (ce qui cependant est très-religieux), et n'ont cessé, avec une constance invariable, d'y mendier un regard du maître, quel que fût le drapeau qui flottât sur le dôme. »

Mais je m'aperçois que cette digression retarde l'analyse d'un ouvrage intitulé : *Réponse à M. Gaudin*, ouvrage dans lequel j'ai trouvé des idées tellement saines, des principes si purs, que je me presse de remplir la tâche que j'ai entreprise.

*Moyens de payer les dettes arriérées de l'Etat,
ou [Réponse à la brochure de M. le duc
de Gaëte*, intitulée : *Opinion préliminaire
sur les finances* ; par un ancien négociant.

La dette publique est garantie, toute espèce d'engage-
ment pris par l'Etat avec ses créanciers est inviolable.

*Charte constitutionnelle*, art. 70.

L'auteur propose de créer pour le paiement de la dette arriérée des obligations,
ou annuités, divisées en trois séries, dont
la première échéance aurait lieu en 1821 ;
la deuxième, en 1822 ; la troisième et dernière, en 1823.

Ces obligations porteraient six pour cent
d'intérêt par an.

Ces effets seraient transmissibles, comme
les effets de commerce, par un simple endos-
sement.

L'intérêt se paierait du 1er janvier 1816.

L'anonyme, dont le style et les pensées
annoncent un esprit cultivé, fonde l'éloi-
gnement du rembours des annuités sur des
motifs plus sages que consolans pour les
créanciers.

Il leur dit : J'ajourne à cinq années votre
remboursement en capital.

1°. Parce qu'à cette époque l'Etat n'aura plus 160 millions à payer aux alliés ;

2°. Parce que si le gouvernement est fidèle à ses engagemens, il aura beaucoup diminué ses dépenses par des économies sur le prix de tous les services publics ;

3°. Parce que dans cinq ans, les pensions ecclésiastiques, civiles et militaires, se seront en partie éteintes ( l'auteur aurait pu supposer aussi une grande diminution sur les rentes viagères dues par l'Etat );

4°. Par l'accroissement des contributions indirectes, qui reposent sur les transactions entre particuliers, etc.

L'auteur ne propose point de caisse d'amortissement ; et, en effet, quand on ne doit rembourser que dans cinq ans, on peut ajourner la création d'une caisse destinée soit à amortir, soit à garantir le remboursement.

Au surplus, l'auteur se prononce ouvertement contre le système de M. Gaudin, qui proposa si froidement à Buonaparte, durant l'interrègne, la consolidation forcée des dettes arriérées ; et il appuie d'une logique vigoureuse tout ce que cette proposition a d'injuste pour le créancier, d'inique pour le rentier, d'offensant pour le crédit et la morale publique.

La consolidation forcée, dit-il, est UNE VÉRITABLE BANQUEROUTE. Mais si M. le duc de Gaëte est vivement attaqué dans ses opinions sur son système de remboursement, l'auteur s'exprime avec non moins de franchise sur le système de M. Louis.

Il pense, et avec raison, que ce ministre aurait inévitablement succombé sous le poids de l'effrayante obligation de rembourser, dans l'espace de dix-huit mois 5 ou 600 millions d'obligations à échéances fixes.

L'auteur ne trouve point que ces obligations eussent assez de garanties ; et tout homme sage doit partager cette opinion.

Comme il ne s'explique point sur le taux excessif de l'intérêt à huit pour cent, qu'accordait M. Louis aux obligations, il faut en conclure qu'il n'improuve point ce taux d'intérêt, qui cependant a, en quelque sorte, légalisé l'usure.

Au surplus, cet ouvrage se distingue par des idées saines sur le crédit public, par une connaissance approfondie du système des finances de l'Angleterre, par un style simple, clair, et précis.

Il me reste à vous entretenir d'un ouvrage qui a obtenu et mérité ses succès dans l'opinion publique.

## *Projet d'une banque nationale,*

### Sans nom d'auteur.

Cet ouvrage, que je vais analyser, est précédé d'un avertissement, où l'auteur annonce avoir eu non seulement des rapports intimes avec *Louis XVI*, à l'époque de sa captivité, mais lui avoir donné communication de son travail.

Cet ouvrage se recommande donc tout à la fois par la confiance dont était honoré l'auteur par un monarque si digne de nos hommages et justes regrets, et par le talent, les connaissances, et le style, qui le distinguent éminemment.

Je ne suis nullement de l'avis de ceux qui croient que l'administration soit une connaissance devenue très-familière (1).

_______________

(1) Autrefois les intendances, qui, à quelques égards, pouvaient ressembler aux préfectures, étaient le partage des

Je pense que la science de l'administration est aujourd'hui plus difficile peut-être que la jurisprudence ; car pour être bon administrateur, il faut non seulement faire l'application des lois et des réglemens, mais il est nécessaire que l'administrateur les supplée dans une multitude de circonstances.

Il n'y a ni code ni jurisprudence pour diriger le jugement de l'administrateur, et point de jurisconsultes pour préparer son opinion. Mais revenons à l'analyse de l'ouvrage dont je me propose de rendre compte.

*Première Proposition de l'auteur.*

Est-il avantageux ou nuisible pour un État d'avoir une plus grande masse de numéraire dans la circulation ?

---

maîtres des requêtes ; quelques unes même ne se donnaient qu'à des conseillers d'État, comme l'Alsace, la Flandre. Alors les grands seigneurs dédaignoient ces emplois ; et, si on exigeait le costume ancien des intendans, *le petit manteau et la cravatte tombante*, je connais plus d'un préfet qui donnerait sa démission. Mais enfin les grands seigneurs veulent aujourd'hui des préfectures, et on leur en accorde. — Il faut que cela soit bon , disait Buonaparte au dernier préfet des Landes, tout le monde m'en demande.

## Deuxième Proposition.

Existe-t-il quelque moyen de profiter des avantages, et de prévenir les dangers d'un papier-monnaie ?

C'est de la solution *affirmative* de ces deux propositions , que l'opinion publique fera dépendre son jugement sur le plan proposé.

L'auteur estime,

1°. Que la dette exigible de l'Etat s'élève à quinze cents millions ;

2°. Que cette somme doit être payée dans trois ans, à compter du 1er janvier dernier ;

3°. Il pense que la rigueur de la perception des contributions, en 1814, est une des causes du mauvais esprit que l'on a remarqué dans l'Est de la France, dont les provinces avaient été épuisées ;

4°. Que la création de 30 millions de rentes seulement au cours de 60, où elles sont maintenant, ne produirait que 360 millions, et les ferait tomber bien au dessous de 50.

Je dois observer ici que l'auteur, dont les opinions sont d'une doctrine si pure , ne se prononce pas cependant contre le remboursement des créanciers en rentes sur l'Etat; mais il s'irrite, et avec raison, de la pensée qu'on pourrait mettre en vente les biens des communes, les forêts ci-devant ecclésiastiques, ou de la couronne. Il reproche à M. Louis cette mesure désastreuse, qu'il regarde comme un expédient immoral et révolutionnaire.

### Première Question.

Est-il avantageux ou nuisible pour un Etat d'avoir une plus grande masse de numéraire en circulation?

### Réponse.

L'industrie nationale, dit l'auteur, est le patrimoine du pauvre; et comme ses produits sont d'une valeur sextuple de celle des fruits du sol, il faut que l'Etat ait en circulation une masse prodigieuse de numéraire.

1°. Parce que les espèces d'or et d'argent n'étant qu'un signe représentatif, un moyen d'échange des richesses réelles, il faut nécessairement qu'il en existe une plus forte somme dans le commerce, en proportion de la nouvelle masse de richesses que fournissent l'industrie et les arts.

2°. Parce que non seulement il faut plus de numéraire pour payer leurs productions, mais qu'il faut encore des capitaux énormes, libres, et disponibles, pour faire naître et entretenir l'industrie dans un état florissant; car l'industrie ne produit rien sans de grandes avances. Il faut qu'elle puisse se procurer facilement, et à un taux modéré, les fonds dont elle a continuellement besoin.

Le génie de l'homme ne s'arrête point, chaque jour il étend le domaine de ses découvertes dans les arts; une première en amène une foule d'autres: tel objet qui, dans son principe, était réservé à la classe la plus opulente, devient avec le temps et le perfectionnement des machines, d'un usage commun et vulgaire. Les fabriques de tout genre se multiplient, rendent toutes les commodités de la vie à portée de la classe intermédiaire de la société, et fournissent aux indigens la subsistance et le travail.

Mais pour cela il faut que l'argent soit très-commun, et à un intérêt très-modéré; il faut que l'homme entreprenant et inventif, qui se propose d'établir un nouveau genre de manufacture, puisse se procurer les capitaux nécessaires pour l'acquisition d'un emplacement convenable à la construction des bâtimens et des machines, pour l'achat des matières premières, pour le salaire des ouvriers, que souvent il est obligé de former à grands frais.

Toutes ces dépenses exigent l'avance de sommes énormes, dont la rentrée est toujours lente et successive. Si la rareté du numéraire dans la circulation ne permet à ces hommes de se les procurer, ils sont forcés d'y renoncer, ou de porter chez l'étranger les fruits de leur génie. L'Etat se trouve privé d'une branche d'industrie qui eût occupé plusieurs milliers de bras, répandu l'aisance et la richesse dans les différens cantons où les ateliers auraient été établis.

On peut donc regarder comme un des principes de l'économie politique actuelle, que la prospérité des nations modernes tient à l'état florissant, non seulement de leur agriculture, mais aussi de leur industrie. Que c'est à l'industrie et à la culture des arts de tout genre que les premières classes de la société doivent toutes les douceurs, toutes les commodités de la vie; la nombreuse et dernière classe, son aisance, ou du moins le nécessaire; que

cette dernière source de la prospérité et de
la richesse publiques ne peut exister sans une
grande inégalité dans les fortunes, sans une
prodigieuse masse de numéraire dans la circulation.

Certes, il n'y a rien à opposer à de pareils
argumens ; et comme le principe est certain,
il faut de toute nécessité admettre la consé-
quence : mais toutes les difficultés ne sont
pas encore résolues.

### Deuxième Question.

Des banques, et du numéraire fictif, de
leurs avantages, et de leurs dangers.

Existe-t-il quelque moyen de profiter des
avantages, et de prévenir les dangers d'un
papier-monnaie ?

### Rép.

Il ne dépend pas de la volonté d'un gouvernement de multiplier les espèces d'or et
d'argent au gré de ses besoins. La quantité
de ces métaux annuellement exploités dans
les mines, est très-bornée ; et d'ailleurs il n'y
a qu'une industrie déjà florissante qui puisse
appeler une nation à s'en approprier défini-

tivement une partie. Les Espagnols, propriétaires apparens des mines du Mexique et du Pérou, ne sont réellement que des fermiers, tenus de verser presqu'immédiatement leurs produits dans les mains des nations étrangères, pour payer les fruits d'une industrie, qu'ils négligent de cultiver.

C'est pour suppléer à l'insuffisance de leur numéraire métallique que les gouvernemens modernes ont imaginé de le remplacer par un numéraire fictif, par des effets payables au porteur.

Bientôt, pour augmenter la confiance, favoriser et étendre la circulation de ce numéraire fictif, on créa des banques, c'est-à-dire l'association solidaire d'un certain nombre de commerçans ou de capitalistes les plus recommandables par leur fortune, leur crédit, et la confiance générale dont ils jouissaient. Ces banques, qui versaient dans la circulation des billets au porteur, échangeables contre des espèces d'or et d'argent *à simple présentation*, enrichirent à la fois les auteurs de la spéculation, et les places de commerce où elles étaient établies.

Tels sont les principes et les argumens sur

lesquels l'auteur fonde la nécessité d'émettre un papier-monnaie, qui deviendrait l'auxiliaire des espèces d'or et d'argent qu'il regarde comme insuffisantes aux besoins de l'agriculture, du commerce et de l'industrie, et dont il supplée les avantages.

Mais quel gage offrir à ce numéraire fictif?

Nous n'avons pas perdu le souvenir du système de Law, et nous sortons à peine des assignats.

Il fallait user des assignats, et ne pas en abuser d'une manière aussi extravagante, diront l'auteur et tous les bons esprits; mais les gouvernemens sont-ils sages, et cette monnaie de convention ne nous conduira-t-elle pas irrésistiblement à la prodigalité, lors même que le gouvernement serait placé par la loi dans l'impuissance d'en abuser?

Rappelons-nous que les assignats eurent pour gage, pour hypothèque des biens vierges, dont l'aliénation était prononcée, et dont déjà la vente s'effectuait : et cependant ce gage immense devint bientôt insuffisant.

L'auteur assigne à la garantie de son papier-monnaie une valeur qui serait incontestablement la plus solide qu'on pût offrir, si la volonté de la loi suffisait même pour déterminer cette garantie, et dans la crainte d'affaiblir les expressions de l'auteur sur une question de si haute importance, et sur laquelle son système s'appuie, je vais transcrire littéralement le projet de loi qu'il propose.

Il sera décrété,

1°. Que toutes les propriétés foncières et immobiliaires situées dans l'étendue du territoire français sont et demeurent grevées d'une hypothèque nationale pour une somme égale à cinq fois la cote d'imposition directe, à laquelle elles étaient assujéties en 1815, d'après le budget de ladite année ;

2°. Qu'il soit déclaré que l'hypothèque de cette créance nationale suivra lesdites propriétés en quelques mains qu'elles existent ou qu'elles passent, à quelque titre que ce soit, sans qu'il soit nécessaire d'aucune inscription pour les conserver ;

3°. Que lesdites créances ne porteront aucun intérêt quelconque, à la charge des propriétaires ou détenteurs desdites propriétés foncières, mais seront payables en dix termes égaux répartis en dix années ; la première, commençant en 1819, pour continuer ainsi , d'année en année , jusqu'à parfaite extinction de ladite créance, dont la rentrée à chaque terme s'opérera avec le recouvrement des autres impositions, n'entendant rien innover par l'établissement de ladite hypothèque nationale aux droits acquis sur lesdites propriétés à des tiers, par leurs inscriptions légales ou inscrites.

J'ai rendu jusqu'ici hommage aux principes développés par l'homme d'Etat qui croit indispensable d'accroître la masse du numéraire *réel* par un numéraire *fictif*.

La théorie de son système est merveilleusement présentée.

C'est, à mes yeux, l'ouvrage de finances et d'économie politique le plus fortement pensé , le plus sagement écrit, et qui non seulement commande la plus grande estime pour l'auteur, quel qu'il soit, mais qui lui imprime encore une considération plus réelle, quand on sait qu'il a joui de la confiance intime de l'infortuné Louis XVI.

Le besoin d'honorer un tel souvenir se mêle alors involontairement aux éloges qu'on veut donner à l'auteur, et la critique devient plus timide. Cependant, *magis amica veritas*, je ne puis m'empêcher d'observer que si la création d'un papier-monnaie est indispensable aux besoins de la France, et doive produire les effets prodigieux dont l'auteur fait concevoir l'heureuse espérance, il faut se hâter de substituer un gage moins équivoque et sujet à moins d'incertitudes et de débats, soit par rapport au principe, soit par rapport aux conséquences.

Et en effet, que serait une hypothèque prise universellement sur toutes les propriétés foncières du royaume ?

Primera-t-elle les hypothèques légales, conventionnelles ou judiciaires ?

Où viendra-t-elle, après l'épuisement de celles-ci ?

Quelle sera l'autorité chargée de discuter cette hypothèque ?

Quel sera le sort du débiteur ?

Quels seront les droits du créancier ?

La puissance nationale ou royale pourrait-elle engager et affecter, sans le consentement des propriétaires, soit la totalité, soit une partie d'une propriété quelconque ?

Supposons, pour un instant, qu'au lieu d'émettre un milliard ou quinze cents millions de papier-monnaie, une guerre défensive ait lieu, et que les Chambres décidassent qu'au lieu de quinze cents millions, il serait émis trois milliards, l'hypothèque première serait-elle augmentée dans la proportion de cette nouvelle émission ?

Je soumets toutes ces réflexions à l'auteur. Si, en effet, il est jugé nécessaire d'émettre un milliard ou quinze cents millions de papier-monnaie pour solder ce qui, durant cinq années, est promis aux alliés, et ce qui est dû aux créanciers de l'Etat, antérieurs au dernier interrègne, conformément à la loi du 23 septembre 1814. Ne pourrait-on pas, en 1821, au lieu de 1819, ainsi que le suppose l'auteur, après l'extinction des dettes contractées avec les puissances, époque où les charges deviendront moins accablantes pour les peuples, affecter alors pendant dix années une somme correspondante au dixième du capital émis en numéraire fictif pour acheter des rentes, qui deviendraient le gage, l'appui, la garantie, la sûreté de cette émission : il ne faudrait point alors d'hypothèques; on n'alarmerait ni les propriétaires ni les principes; la confiance du créancier

reposerait tout naturellement sur la garantie
promise par une loi; et l'intérêt de tous por-
terait à ce papier la même foi, la même confiance que le commerce de Paris porte aujourd'hui si justement aux billets de banque;
mais si toutes ces garanties ne tranquillisaient
point suffisamment les porteurs; si le rachat jour
à jour n'était pas fortement institué, j'estime-
rais que l'auteur pourrait trouver des gages
plus certains, plus assurés, moins contestables,
moins dangereux enfin au principe de la
propriété que celui qu'il propose. Je citerai,
par exemple, les forêts nationales, dont l'hypothèque me paraîtrait plus convenable et
plus appropriée aux circonstances que ne
serait utile l'aliénation, qui serait dans les
circonstances véritablement désastreuse.

Chaque année, le produit des ventes serait
versé à la caisse d'amortissement. Ajoutant
ensuite à ce premier produit, 1°. celui des
coupes annuelles, 2°. le produit des postes,
3°. celui des loteries, on obtiendrait de ces
trois sources de revenus, que je ne considère
pas comme *des impôts*, à proprement parler,
environ une somme de quarante millions,
qui, employée chaque année à éteindre, ou

plutôt à acquérir des rentes flottantes ou consolidées, en soutiendrait le cours à un prix élevé, et composerait, en moins de quinze années, un capital égal à un millard de numéraire fictif, si cette somme avait été émise; et à l'égard de l'émission, ne pourrait-on pas n'en émettre que *successivement*, et à mesure des paiemens à faire aux puissances, et des liquidations arrêtées.

Je bornel à mon examen, mes justes éloges, et mes observations critiques.

Je n'estime pas qu'il soit nécessaire de porter mon examen sur les moyens d'exécution. L'auteur, dans sa prévoyante sagesse, ne laisse rien à désirer, à cet égard, dans l'ensemble comme dans les détails.

Je crains bien, mon ami, d'avoir abusé de votre patience, en m'étendant aussi longuement sur les divers ouvrages que je viens d'analyser; mais j'ai voulu vous obéir, et comme le disait Pascal, je n'ai pas eu le temps d'être plus court.

Ma quatrième lettre traitera,

1º. Des considérations sur l'état des finances et des besoins extraordinaires du gouvernement, par M. Lemercier, ancien banquier;

2°. D'un aperçu nouveau sur un plan général d'économie financière pour la France, par M. Froust, de Nantes ;

3°. D'un mémoire ayant pour titre : Des Contributions et des Finances, par S. de M. ;

4°. D'un Essai d'un Plan de Finances ; par M. Hennet, premier commis des finances, et commissaire du cadastre ;

5°. De l'examen impartial du budget ; par M. Bricogne, ex-premier commis des finances.

Plus ces importantes questions sont arides à traiter, plus je réclame votre indulgence. J'appelle votre attention particulière sur ce dernier ouvrage. L'auteur a changé de système ; mais il dit, et avec raison, que les circonstances ont changé.

Recevez, mon ami, mon salut affectueux.

( *La suite paroîtra incessamment.* )